Willkommen

MIT QR-CODE

In diesem Heft geht es um das Thema „Mittagsgerichte für Groß und Klein“ und dazu heiße ich Dich ganz herzlich willkommen!

Kennst Du die Fragen, die man sich selbst oft stellt: Was soll ich heute kochen? Was habe ich eigentlich da und was soll ich für morgen einkaufen? Meistens hat man doch noch viele Zutaten daheim und kann daraus ein tolles Gericht zubereiten. Ich möchte Dir auf diese Fragen die Antworten geben: In diesem Heft findest Du 20 leckere, schnelle und vor allem alltagstaugliche Rezepte ohne jeglichen Einsatz von exotischen Komponenten, die Du im Handumdrehen zaubern wirst.

Das Motto dieses Heftes lautet: „Das Essen ist fertig!“ Es duftet aus der Küche und voller Vorfreude trifft sich die ganze Familie am Esstisch. Für Groß und Klein - für jeden ist etwas dabei!

Egal, ob Du einen Auflauf, eine Suppe, Gerichte mit Fleisch oder Fisch oder auch etwas Vegetarisches suchst, hier wirst Du vieles für Dich und Deine Familie finden.

Um Dir die Angst vor neuen Rezepten zu nehmen, findest Du bei jedem Rezept einen QR-Code, der Dir das dazugehörige Schritt-für-Schritt Video anzeigt. So hast Du innerhalb einer Minute einen Einblick, wie das Gericht zubereitet und am Ende aussehen wird.

Ich wünsche Dir viel Spaß beim „Thermomixen“ und schon jetzt einen guten Appetit.

Helena / ThermoTasty

Zu jeder einzelnen Kreation gibt es zudem einen kurzen Film. Die Verlinkung zum Video findest Du bei jedem Rezept als QR-Code. Hast Du bereits einen QR-Code Scanner (aus dem Google Play Store) oder QR-Code Reader (aus dem Apple Store) auf Deinem Smartphone installiert?
Wunderbar! Dann kannst Du sofort mit dem Scannen meiner QR-Codes loslegen und gelangst so direkt zum passenden Schritt-für-Schritt Video für das jeweilige Rezept (Apple bietet ab iOS 11 die Scanfunktion in der normalen Kamera an).

Ansonsten lade Dir eine beliebige QR-Code App auf Dein Smartphone und sei von Deinem kulinarischen Highlight nur noch einen „kleinen Klick“ entfernt. Von uns ausgewählte QR-Code App findest Du unter:
www.thermotasty.de/qr-code

Lade Dir die QR-Code App herunter.

www.thermotasty.de/qr-code

Scanne den QR-Code aus dem Buch.

Jetzt kannst Du das Video abspielen.

Helena von ThermoTasty

Ich höre auf den schönen Namen Helena und ich bin eine junge Mutter von zwei Kindern, sowie stolze Besitzerin eines Thermomix®. Irgendwann war ich die Suche nach alltagstauglichen Rezepten für diesen „Alleskönner" leid und entschloss mich dazu, meine eigenen Rezepte unter der Marke ThermoTasty auf die Beine zu stellen. Seitdem verfilme ich mit viel Spaß und Leidenschaft meine eigenen Rezeptkreationen und schreibe auch immer mal wieder Kochbücher für die Zubereitung von leckeren Gerichten im Thermomix®.

In meinen schnellen und effektiven Schritt-für-Schritt Videos zeige ich innerhalb von nur einer Minute, wie das Gericht mit dem Thermomix® zubereitet wird und dann zum Schluss – in voller Pracht – ausschaut!

ThermoTasty ist in der „Thermomix®-Szene" bereits äußerst bekannt und daraus auch gar nicht mehr wegzudenken! Jeden Tag werden innerhalb der ThermoTasty-Community und auf mehreren Social-Media-Kanälen etliche Rezeptvorschläge und Ideen ausgetauscht.

Wichtige Links

www.thermotasty-shop.de
Mein eigener Shop, wo du die Möglichkeit hast, alle Produkte von ThermoTasty zu kaufen. Immer wieder gibt es exklusive Rabattaktionen auf ausgewählte Produkte.

www.thermotasty.de
Hier findest du eine Vielzahl an Schritt-für-Schritt Videos zu meinen Rezepten. Auf der Seite kannst du mein kostenloses E-Book mit 22 ausgewählten Alltagsrezepten herunterladen.

www.thermotasty.de/qr-apps
Hier findest du die passende QR-App für dein Smartphone. Einfach dein System auswählen und eines von den Programmen installieren.

www.thermotasty.de/fb-club
Tritt unter dem Link zur meiner internen Facebook Gruppe bei und werde ein Teil von dem Alltagsrezepte-Club, um sich mit anderen über die Rezepte auszutauschen.

www.helenaschwabenland.de
Du möchtest auch dein eigenes Kochbuch schreiben? Dann bist du hier genau richtig! Ich biete dir ein 12-wöchiges Training an, bei dem du dein eigenes Kochbuch erstellen und vermarkten kannst.

www.facebook.com/thermotasty
www.instagram.com/thermotasty
www.thermotasty.de/youtube
www.pinterest.com/thermotasty

Inhaltsverzeichnis

Hähnchen-Tomaten-Gemüse mit Reis

Koch-/Backzeit
ca. 35 Minuten

Portionen
4 - 5

Schwierigkeit
einfach

Zutaten

» 800g Hähnchenbrust-Innenfilet (halbieren)
» 1 Paprika (mundgerechte Stücke)
» 250g Champignons (halbieren)
» 150g Käse (Emmentaler)
» 300g Reis
» 1400g Wasser

Sauce

» 1 Zwiebel
» 2 Knoblauchzehen
» 15g Öl
» 30g Tomatenmark
» 200g Sahne
» 100g Crème fraîche
» 1 TL Gemüsebrühe
» 1 Dose stückige Tomaten
» 20g Mehl
» 1 TL Basilikum getrocknet

» Salz
» Pfeffer
» Paprika edelsüß

Zubereitung

1. Hähnchenbrust-Innenfilet mit Salz, Pfeffer und Paprika edelsüß würzen und in eine Auflaufform legen.
2. Paprika und Champignons auf dem Fleisch verteilen.
3. Käse in den Mixtopf geben und **15 Sek./Stufe 6** - umfüllen.
4. Backofen auf **180°C (Ober-/ Unterhitze)** vorheizen.

Sauce

5. Zwiebel und Knoblauchzehen in den Mixtopf geben und **5 Sek./Stufe 6.**
6. Öl und Tomatenmark zugeben und **3 Min./120°/Stufe 1.**
7. Sahne, Crème fraîche, Gemüsebrühe, stückige Tomaten, Mehl, Basilikum, Salz und Pfeffer zugeben und **4 Min./100°/Stufe 3.**
8. Alles pürieren auf **10 Sek./Stufe 8.**
9. Die Sauce über den Auflauf gießen, mit Käse bestreuen und **ca. 30 Min. backen.**
10. Gareinsatz in den Mixtopf einhängen, Reis einwiegen, Wasser zugeben und **30 Min./Varoma/Stufe 1.**
11. Reis und Hähnchen-Tomaten-Gemüse zusammen servieren.

Video

Scanne den QR-Code mit Deinem Smartphone

Tipp

Du kannst die Champignons auch im Thermomix zerkleinern. Füge die Champignons nach Schritt 3 als Ganzes (ohne Stiel) in den Mixtopf und zerkleinere diese auf **3 Sek./Stufe 4.**

Überbackenes Nudel-Hähnchengemüse

Koch-/Backzeit
ca. 30 Minuten

Portionen
4 - 5

Schwierigkeit
einfach

Zutaten

- 150g Käse (Emmentaler)
- 1000g Wasser
- 1 EL Gemüsebrühe
- 250g Nudeln (Fusilli)
- 600g Hähnchenbrustfilet (mundgerechte Stücke)
- 500g Gemüse: (z.B. Brokkoli, Blumenkohl, Paprika)

Sauce

- 200g Sahne
- 300g Garflüssigkeit
- 200g Schmand
- 25g Mehl

- Salz
- Pfeffer
- Paprika edelsüß

Tipp

Wenn der Auflauf während des Backens zu dunkel wird, einfach mit Alufolie abdecken.

Zubereitung

1. Käse in den Mixtopf geben und **15 Sek./Stufe 6** - umfüllen.
2. Wasser und Gemüsebrühe in den Mixtopf geben und **11 Min./Varoma/Stufe 1.**
3. Den Thermomix auf **11 Min./100°/Linkslauf/Stufe 1** stellen und die Nudeln durch die Deckelöffnung in den Mixtopf zugeben.
4. Hähnchenbrustfilet mit Paprika edelsüß, Salz und Pfeffer würzen und in einer Auflaufform verteilen.
5. Gemüse in mundgerechte Stücke schneiden und auf dem Fleisch verteilen.
6. Nudeln abgießen, die Garflüssigkeit auffangen und die Nudeln ebenfalls in die Auflaufform geben.
7. Backofen auf **180°C (Ober-/ Unterhitze)** vorheizen.

Sauce

8. Sahne, Garflüssigkeit, Schmand, Mehl, Salz, Pfeffer und Paprika edelsüß in den Mixtopf geben und **4 Min./100°/Stufe 3.**
9. Alles pürieren auf **10 Sek./Stufe 8.**
10. Die Sauce über den Auflauf gießen, mit Käse bestreuen und **ca. 45 Min. backen**.

Video

Scanne den QR-Code mit Deinem Smartphone

Hack-Gemüse-Auflauf

Koch-/Backzeit
ca. 30 Minuten

Portionen
3 - 4

Schwierigkeit
einfach

Zutaten

- 2 Zwiebeln
- 1 Knoblauchzehe
- 500g Hackfleisch
- 1 Ei
- 1 Zucchini (grobe Stücke)
- 1 rote Paprika (mundgerechte Stücke)
- 2-3 Tomaten (Scheiben)
- 150-200g Mayonnaise
- 150g Käse (Emmentaler)
- Salz
- Pfeffer

Zubereitung

1. 1 Zwiebel und Knoblauchzehe in den Mixtopf geben und **5 Sek./Stufe 6** - alles vom Mixtopfrand herunterschieben und erneut **3 Sek./Stufe 6.**
2. Hackfleisch, Ei, Salz und Pfeffer zugeben und **30 Sek./Knetstufe.**
3. Die Hackfleischmasse in eine Auflaufform verteilen, sodass der Boden bedeckt ist.
4. Mixtopf spülen.
5. Backofen auf **200°C (Ober-/Unterhitze)** vorheizen.
6. 1 Zwiebel in den Mixtopf geben und **4 Sek./Stufe 6** - auf dem Hackfleisch verteilen.
7. Zucchini in den Mixtopf geben und **4 Sek./Stufe 4** - auf den Zwiebeln verteilen.
8. Paprika auf die Zucchini verteilen.
9. Tomaten auf der Paprika verteilen und alles mit Salz und Pfeffer würzen.
10. Mayonnaise oben drauf verteilen und glatt streichen.
11. Käse in den Mixtopf geben und **15 Sek./Stufe 6.**
12. Den Auflauf mit Käse bestreuen und **ca. 25 Min. backen.**

Video

Scanne den QR-Code mit Deinem Smartphone

Kartoffel-Speckauflauf

Koch-/Backzeit
ca. 55 Minuten

Portionen
4-5

Schwierigkeit
mittel

Zutaten

- 1 kg Kartoffeln (dünne Scheiben)
- 250g Wasser
- 2 TL Gemüsebrühe
- 2 Zwiebeln
- 1 Knoblauchzehe
- 250g Champignons (ganz - ohne Stiele)
- 250g Zucchini (grobe Stücke)
- 3 Tomaten (kleine Würfel)
- 250g Käse (Emmentaler)
- 250g Schinkenwürfel
- 200g Sahne
- 1 TL Oregano
- Salz
- Pfeffer

Hinweis

Nach 30 Minuten den Deckel der Auflaufform aufsetzen.

Zubereitung

1. Kartoffeln auf den Boden einer Auflaufform verteilen.
2. Wasser und Gemüsebrühe in den Mixtopf geben und **5 Sek./Stufe 6** - über die Kartoffeln gießen.
3. Backofen auf **200°C (Ober-/ Unterhitze)** vorheizen.
4. Zwiebeln und Knoblauchzehe in den Mixtopf geben und **4 Sek./Stufe 6** - in eine Schüssel umfüllen.
5. Champignons in den Mixtopf geben und **3 Sek./Stufe 4** - in die Schüssel zugeben.
6. Zucchini in den Mixtopf geben und **4 Sek./Stufe 4** - in die Schüssel zugeben.
7. Käse in den Mixtopf geben und **15 Sek./Sfufe 6** - umfüllen.
8. Den Inhalt der Schüssel vermischen und auf den Kartoffeln verteilen.
9. Tomaten auf dem Gemüse verteilen, mit Salz, Pfeffer und Oregano würzen.
10. Anschließend mit Schinkenwürfel und Käse bestreuen, mit der Sahne übergießen und **ca. 55 Min. backen.**

Video
Scanne den QR-Code mit Deinem Smartphone

Tortellini Schinken-Pilz-Auflauf

Koch-/Backzeit **ca. 40 Minuten**

Portionen **4 - 5**

Schwierigkeit **einfach**

Zutaten

» 800g Tortellini (Kühltheke)
» 200g Käse (Emmentaler)
» 200g Kochschinken
» 200g Champignons (Scheiben)
» 2 Zwiebeln
» 2 Knoblauchzehen
» 15g Öl
» 20g Tomatenmark
» 1 Dose stückige Tomaten
» 150g Milch
» 1 TL Gemüsebrühe
» 20g Mehl
» 100g Wasser
» 0,5 TL Zucker
» Salz
» Pfeffer
» Paprika edelsüß

Tipp

Wenn Du keine Tortellini magst, kannst Du diese auch durch vorgekochte Nudeln ersetzen.

Zubereitung

1. Tortellini in eine Auflaufform verteilen.
2. Käse in den Mixtopf geben und **15 Sek./Stufe 6** - umfüllen.
3. Kochschinken in den Mixtopf geben und **4 Sek./Stufe 4** - umfüllen.
4. Zwiebeln und Knoblauchzehen in den Mixtopf geben und **4 Sek./Stufe 6.**
5. Öl und Tomatenmark zugeben und **3 Min./120°/Stufe 1.**
6. Backofen auf **180°C (Ober-/Unterhitze)** vorheizen.
7. Stückige Tomaten, Milch, Gemüsebrühe, Mehl, Wasser, Zucker, Salz, Pfeffer und Paprika edelsüß zugeben und **4 Min./100°/Stufe 3.**
8. Champignons und Kochschinken in die Auflaufform geben und alles gut vermischen.
9. Die Sauce über den Auflauf gießen, mit dem Käse bestreuen und für **ca. 30 Min. backen.**

Video
Scanne den QR-Code mit Deinem Smartphone

Ruckzuck – Gemüsenudelauflauf

Koch-/Backzeit
ca. 35 Minuten

Portionen
4

Schwierigkeit
einfach

Zutaten

- 1300g Wasser
- 300g Nudeln (Fusilli)
- 1 Zucchini (grobe Stücke)
- 200g Kochschinken
- 150g Käse (Emmentaler)
- 200g Schmand
- 200g Sahne
- 1 Ei
- Salz
- Pfeffer

Zubereitung

1. Wasser und 1 EL Salz in den Mixtopf geben und **11 Min./Varoma/Stufe 1.**
2. Den Thermomix auf **11 Min./100°/Linkslauf/Stufe 1** stellen und die Nudel durch die Deckelöffnung zugeben - Messbecher aufsetzen.
3. Nudeln abgießen und in eine Auflaufform legen.
4. Zucchini in den Mixtopf geben und **5 Sek./Stufe 4** - ebenfalls in die Auflaufform geben.
5. Kochschinken in den Mixtopf geben und **5 Sek./Stufe 5** - ebenfalls in die Auflaufform geben.
6. Backofen auf **180°C (Ober-/ Unterhitze)** vorheizen.
7. Käse in den Mixtopf geben und **15 Sek./Stufe 6** - umfüllen.
8. Schmand, Sahne, Ei, Salz und Pfeffer in den Mixtopf geben und **20 Sek./Stufe 3.**
9. Den Inhalt der Auflaufform vermischen, die Sauce darüber geben, mit Käse bestreuen und **ca. 20 Min. backen.**

Video

Scanne den QR-Code mit Deinem Smartphone

Nudel-Käse-Sahneauflauf

Koch-/Backzeit **ca. 60 Minuten**

Portionen **4 - 5**

Schwierigkeit **einfach**

Zutaten

» 250g Nudeln (Fusilli, ungekocht)
» 0,5 Dose Erbsen
» 0,5 Dose Mais
» 1 Karotte (grobe Stücke, 90g)
» 3 Stk. Schinkenwürstchen
» 130g Käse (Emmentaler)
» 600g Sahne
» 600g Milch
» 250g Schmelzkäse (Sandwich)
» Salz
» Pfeffer
» Muskat

Tipp

Du kannst natürlich auch eine ganze Dose Erbsen oder Mais verwenden.

Zubereitung

1. Nudeln in eine Auflaufform verteilen.
2. Mais und Erbsen abtropfen und auf den Nudeln verteilen.
3. Karotte in den Mixtopf geben und **3 Sek./Stufe 5** - auf den Mais und Erbsen verteilen.
4. Schinkenwürstchen in Scheiben schneiden und oben drauf verteilen.
5. Käse in den Mixtopf geben und **15 Sek./Stufe 6** - umfüllen.
6. Sahne und Milch in den Mixtopf geben und **5 Min./90°/Stufe 1.**
7. Thermomix auf **10 Min./90°/Stufe 1** stellen, den Schmelzkäse (Sandwich) durch die Deckelöffnung in den Mixtopf zugeben und ohne Messbecher kochen.
8. Backofen auf **200°C (Ober-/ Unterhitze)** vorheizen.
9. Die Sauce mit Salz, Pfeffer und Muskat würzen, über den Auflauf gießen und darauf achten, dass alle Nudeln mit der Sauce bedeckt sind.
10. Mit Käse bestreuen und für **ca. 50 Min. backen.**

Video

Scanne den QR-Code mit Deinem Smartphone

Couscous mit Gemüse

Koch-/Backzeit
ca. 25 Minuten

Portionen
4

Schwierigkeit
mittel

Zutaten

» 20g Gemüsebrühe
» 200g Couscous
» 100g Brokkoli (mundgerechte Stücke)
» 1 Zucchini (kleine Würfel, 200g)
» 1 Karotte (kleine Würfel, 70g)
» 1 Paprika (kleine Würfel, 160g)
» 30g Lauchzwiebeln (dünne Ringe)
» 2 EL Olivenöl
» 3 TL Curry
» 1000g Wasser
» Salz
» Pfeffer

Zubereitung

1. 400g Wasser und Gemüsebrühe in den Mixtopf geben und **6 Min./100°/Stufe 1.**
2. Couscous in eine Schüssel geben, mit der heißen Gemüsebrühe übergießen und **15 Minuten quellen lassen.**
3. Brokkoli, Zucchini, Karotte, Paprika und Lauchzwiebeln in den Varomabehälter geben, mit Olivenöl, Curry, Salz, Pfeffer würzen und gut vermischen.
4. 600g Wasser in den Mixtopf geben, Varoma aufsetzen und **15 Min./ Varoma/Stufe 1.**
5. Das Gemüse gemeinsam mit dem Couscous in eine Schüssel geben, verrühren und servieren.

Video

Scanne den QR-Code mit Deinem Smartphone

Feta-Tomaten-Schiffchen

Koch-/Backzeit
ca. 30 Minuten

Portionen
4

Schwierigkeit
mittel

Zutaten

- 250g Feta
- 3 Tomaten (kleine Würfel)
- Tomaten-Mozarella-Salz
- 1 Zwiebel
- 2 Knoblauchzehen
- 15g Öl
- 100g Kartoffeln
- Gemüse in grobe Stücke für den Mixtopf: (110g Zucchini, 60g Karotte, 30g Paprika, 130g Kohlrabi)
- 200g Reis
- 1 EL Gemüsebrühe
- 1100g Wasser
- Gemüse in mundgerechte Stücke für den Varoma: (300g Zucchini, 100g Karotte, 120g Paprika, 200g Kohlrabi)
- 2 TL Pizzagewürz
- 5 EL Olivenöl
- 100g Sahne
- 40g Tomatenmark
- 15g Mehl
- 1 TL TK Italienische Kräuter
- Salz
- Pfeffer

Zubereitung

1. Feta und Tomaten in eine Schüsse geben, mit Tomaten-Mozarella-Salz würzen, 4 EL Olivenöl zugeben und alles gut vermischen.
2. Aus Backpapier kleine Schiffchen formen, Feta/Tomaten hineingeben und auf dem Einlegeboden verteilen.
3. Zwiebel und Knoblauchzehen in den Mixtopf geben und **4 Sek./Stufe 6.**
4. Öl zugeben und **3 Min./120°/Stufe 1.**
5. Kartoffeln und das Gemüse für den Mixtopf zugeben und **5 Sek./Stufe 5.**
6. Gareinsatz einhängen, Reis einwiegen, Gemüsebrühe zugeben und Wasser zugeben. Varoma aufsetzen, Gemüse für den Varoma hineingeben, mit Pizzagewürz und 1 EL Olivenöl würzen. Einlegeboden aufsetzen und **30 Min./ Varoma/Stufe 1.**
7. Alles warm stellen.
8. Sahne, Tomatenmark, Mehl, Salz und Pfeffer zu der Garflüssigkeit zugeben und **4 Min./100°/Stufe 3.**
9. Alles pürieren auf **10 Sek./Stufe 8.**
10. Italienische Kräuter unterrühren.

Video

Scanne den QR-Code mit Deinem Smartphone

Hinweis

Du kannst den Feta auch durch Mozarella austauschen. Wenn die Sauce über bleibt, kannst Du am nächsten Tag Nudeln dazu reichen.

Gemüse-Hack-Reispfanne

Koch-/Backzeit
ca. 30 Minuten

Portionen
4

Schwierigkeit
mittel

Zutaten

» 1 Zwiebel
» 1 Knoblauchzehe
» 15g Öl
» Gemüse in grobe Stücke für den Mixtopf: (100g Zucchini, 70g Karotte, 100g Paprika)
» 300g Reis
» 1 EL Gemüsebrühe
» 1200g Wasser
» Gemüse in mundgerechte Stücke für den Varoma: (500g Zucchini, 100g Karotte, 320g Paprika)
» 0,5 Dose Mais
» 500g Hackfleisch
» 100g Garflüssigkeit
» Salz
» Pfeffer
» Paprika edelsüß
» 2 EL Schnittlauch
» 2 EL Kräuterfrischkäse

Zubereitung

1. Zwiebel und Knoblauchzehe in den Mixtopf geben und **4 Sek./Stufe 6.**
2. Öl zugeben und **3 Min./120°/Stufe 1.**
3. Gemüse für den Mixtopf zugeben und **5 Sek./Stufe 5.**
4. Gareinsatz einhängen, Reis einwiegen, Gemüsebrühe sowie Wasser zugeben. Varoma aufsetzen, Gemüse für den Varoma hineinlegen, mit Salz, Pfeffer, Paprika edelsüß würzen, verschließen und **20 Min./Varoma/Stufe 1.**
5. Hackfleisch in einer Pfanne separat anbraten und mit Salz, Pfeffer, Paprika edelsüß würzen.
6. Varomainhalt und Reis warm stellen und die Garflüssigkeit auffangen.
7. Garflüssigkeit zum Hackfleisch in die Pfanne geben und etwas köcheln lassen.
8. Mais und das Gemüse zugeben und vermischen.
9. Kräuterfrischkäse unterheben, Reis zugeben, gut vermischen und mit Schnittlauch bestreuen.

Video

Scanne den QR-Code mit Deinem Smartphone

Tipp

Aus der restlichen Garflüssigkeit, kannst Du eine Sauce zubereiten und mit Nudeln oder Reis servieren.

Lachs mit Kartoffel-Spinat

Koch-/Backzeit
ca. 30 Minuten

Portionen
4

Schwierigkeit
mittel

Zutaten

» 500g Spinat (frisch)
» 500g Wasser
» 1 TL Gemüsebrühe
» 750g Kartoffeln (mundgerechte Stücke)
» 500g Lachsfilet
» 1 Zitrone
» 0,5 Zwiebel
» 25g Butter
» 20g Mehl
» 100g Sahne
» 80g Garflüssigkeit
» Salz
» Pfeffer
» Muskat

Zubereitung

1. Spinat putzen und gründlich waschen.
2. Wasser und Gemüsebrühe in den Mixtopf geben, Gareinsatz einhängen, Kartoffeln einwiegen und etwas salzen.
3. Varoma aufsetzen, Spinat hineingeben, Einlegeboden mit Backpapier auslegen, Lachsfilet hineingeben, mit Salz und Pfeffer würzen, mit Zitronenscheiben belegen und alles **30 Min./Varoma/ Stufe 1.**
4. **Nach ca. 15 Minuten** den Spinat vom Rand des Varomabehälters schieben und ein kleines Loch in der Mitte bilden.
5. Kartoffeln und Lachs warm stellen und die Garflüssigkeit auffangen.
6. Zwiebel in den Mixtopf geben und **4 Sek./Stufe 6.**
7. Butter zugeben und **3 Min./100°/Stufe 1.**
8. Mehl zugeben und **3 Min./100°/Stufe 1.**
9. Sahne, Garflüssigkeit, Salz, Pfeffer und Muskat zugeben und **4 Min./100°/Stufe 3.**
10. Spinat zugeben und **4 Sek./Stufe 4.**

Video

Scanne den QR-Code mit Deinem Smartphone

Spaghetti Garnelen-Gemüse

Koch-/Backzeit
ca. 30 Minuten

Portionen
4 - 5

Schwierigkeit
mittel

Zutaten

- 50g Parmesan
- 3 Knoblauchzehen
- 50g Olivenöl
- 2 Paprika (kleine Würfel, 300g)
- 1 Zucchini (kleine Würfel, 250g)
- 10 Dattel-Tomaten (halbiert)
- 2 Pck. Garnelenschwänze küchenfertig (aufgetaut, 380g)
- 1800g Wasser
- 250g Spaghetti (halbiert)
- 0,5 Zwiebel
- 20g Öl
- 100g Sahne
- 1 TL Gemüsebrühe
- 10g Mehl
- Salz
- Pfeffer
- Paprika edelsüß
- 1 EL Petersilie

Zubereitung

1. Parmesan in den Mixtopf geben und **15 Sek./Stufe 10** - umfüllen.
2. 2 Knoblauchzehen in den Mixtopf geben und **4 Sek./Stufe 8** - umfüllen.
3. Olivenöl, Salz, Pfeffer und Paprika edelsüß zum Knoblauch geben und vermischen.
4. Gemüse (Paprika, Zucchini, Tomaten) und Garnelen in je eine Schüssel geben, mit der Marinade übergießen, vermischen und für **ca. 30 Minuten ziehen lassen.**
5. 1700g Wasser, 5g Öl und 1 EL Salz in den Mixtopf geben, Varoma aufsetzen, Garnelen im Einlegeboden verteilen und **12 Min./Varoma/Stufe 1.**
6. Thermomix auf **14 Min./Varoma/Linkslauf/Stufe 0,5** stellen, Spaghetti durch die Deckelöffnung in den Mixtopf zugeben, Gemüse in den Varomabehälter verteilen und den Einlegeboden wieder aufsetzen und verschließen.
7. Garnelen, Gemüse und Spaghetti in eine große Schüssel geben und die Garflüssigkeit wegkippen.
8. Zwiebel und 1 Knoblauchzehe in den Mixtopf geben und **4 Sek./Stufe 6.**
9. 15g Öl zugeben und **3 Min./120°/Stufe 1.**

Video

Scanne den QR-Code mit Deinem Smartphone

10. 100g Wasser, Sahne, Gemüsebrühe, Mehl, Salz und Pfeffer zugeben und **4 Min./100°/Stufe 3.**
11. Alles pürieren auf **15 Sek./Stufe 8.**
12. Petersilie unterrühren und abschmecken.
13. Die Sauce, sowie 2 EL Parmesan in die Schüssel zugeben und alles gut verrühren.
14. Vor dem Servieren, kann noch Parmesan auf das Gericht gestreut werden.

Italienisches Hähnchenschnitzel mit Nudeln

Koch-/Backzeit	Portionen	Schwierigkeit
ca. 30 Minuten	**4**	**mittel**

Zutaten

- 400g Hähnchenminutenschnitzel
- 1 Kugel Mozarella (dünne Streifen)
- 100g Dattel-Tomaten (halbiert)
- 100g Bacon
- Frische Basilikumblätter
- 50g Frischkäse Natur
- Tomaten-Mozarella-Salz
- 3 Knoblauchzehen
- 1400g Wasser
- 3 TL Gemüsebrühe
- 3 Zucchini (kleine Würfel)
- 4 EL Olivenöl
- 300g Nudeln (Korkenzieher)

Sauce

- 20g Basilikumblätter
- 40g Butter
- 40g Mehl
- 200g Garflüssigkeit
- 250g Milch
- 50g Sahne-Schmelzkäse

- Salz
- Pfeffer
- Muskat

Zubereitung

1. Hähnchenminutenschnitzel flach klopfen, eine Seite mit Frischkäse bestreichen und mit Tomaten-Mozarella-Salz würzen. Mit Mozarella, Dattel-Tomaten und Basilikum belegen, einrollen, mit Bacon umwickeln und im Einlegeboden verteilen.
2. Knoblauchzehen in den Mixtopf geben und **3 Sek./Stufe 8** - umfüllen.
3. Wasser, Gemüsebrühe und 1 TL Salz in den Mixtopf geben, Varoma mit dem Einlegeboden aufsetzen und **15 Min./Varoma/Stufe 1.**
4. Einlegeboden zur Seite stellen, Zucchini in den Varomabehälter legen, mit den zerkleinerten Knoblauchzehen, Salz und Olivenöl würzen, gut vermischen und einige Basilikumblätter oben drauf verteilen.
5. Nudeln in den Mixtopf geben, Varomabehälter und Einlegeboden erneut aufsetzen und **15 Min./Varoma/Linkslauf/Stufe 0,5.**
6. Inhalt vom Varoma warm halten, Nudeln abgießen und die Garflüssigkeit auffangen.
7. Mixtopf spülen und trocknen.

Video

Scanne den QR-Code mit Deinem Smartphone

Sauce

8. Basilikumblätter in den Mixtopf geben und **6 Sek./Stufe 6** - umfüllen.
9. Butter in den Mixtopf geben und **3 Min./100°/Stufe 1.**
10. Mehl zugeben und **3 Min./100°/Stufe 1.**
11. Garflüssigkeit, Milch, Sahne-Schmelzkäse, Salz, Pfeffer und Muskat zugeben und **6 Min./90°/Stufe 3.**
12. Basilikumblätter zugeben und unterrühren.

Hähnchenspieße

Koch-/Backzeit **ca. 50 Minuten**

Portionen **4**

Schwierigkeit **mittel**

Zutaten

- 2 Paprika (mundgerechte Stücke)
- 1 Zucchini (Scheiben, halbiert)
- 300g Champignons (halbiert)
- 5 Knoblauchzehen
- 50g Olivenöl

Hähnchenspieße

- 600g Hähnchenbrustfilet (mundgerechte Stücke)
- 150g Bacon
- 300g Reis
- 1 EL Gemüsebrühe
- 1500g Wasser

Sauce

- 350g Garflüssigkeit
- 200g Gemüse (gewürzt)
- 100g Sahne-Schmelzkäse
- 40g Mehl

- Salz
- Pfeffer
- Paprika edelsüß

Zubereitung

1. Gemüse in eine Schüssel geben.
2. Knoblauchzehen in den Mixtopf geben und **4 Sek./Stufe 8** - zusammen mit dem Olivenöl zum Gemüse geben.
3. Mit Paprika edelsüß würzen und alles gut vermischen. Für die Sauce 200g Gemüse aus der Schüssel beiseite stellen.

Hähnchenspieße

4. Hähnchenbrustfilet mit Salz, Pfeffer und Paprika edelsüß würzen und jedes Stück mit Bacon umwickeln.
5. Mariniertes Gemüse und Fleisch im Wechsel auf Holzspieße aufziehen und im Varomabehälter verteilen.
6. Gareinsatz in den Mixtopf einhängen, Reis einwiegen, Gemüsebrühe sowie Wasser zugeben, Varoma aufsetzen und **30 Min./Varoma/Stufe 1.**
7. Alles warm halten und Garflüssigkeit auffangen.

Sauce

8. Garflüssigkeit, 200g Gemüse, Sahne-Schmelzkäse, Mehl, Salz, Pfeffer und Paprika edelsüß in den Mixtopf geben und **4 Min./100°/Stufe 3.**
9. Alles pürieren auf **15 Sek./Stufe 8.**

Video

Scanne den QR-Code mit Deinem Smartphone

Hähnchenrolle mit Käse und Schinken

Koch-/Backzeit
ca. 50 Minuten

Portionen
4

Schwierigkeit
mittel

Zutaten

» 4 Scheiben Kochschinken
» 100g Käse (Emmentaler)
» 800g Hähnchen-minutenschnitzel
» Brathähnchengewürzsalz
» Pfeffer
» Kräuterfrischkäse

» 1 Zwiebel
» 1 Knoblauchzehe
» 1 Karotte (grobe Stücke)
» 100g Kartoffeln
» 1 Paprika (grobe Stücke)
» 15g Öl
» 70g Tomatenmark
» 1 EL Gemüsebrühe
» 300g Reis
» 900g Wasser
» 750g TK Kaisergemüse
» 1 TL Kräutersalz
» 2 EL Olivenöl
» 100g Kräuterfrischkäse

Zubereitung

1. Kochschinken in den Mixtopf geben und **5 Sek./Stufe 5** - umfüllen.
2. Käse in den Mixtopf geben und **15 Sek./Stufe 6** - zum Kochschinken geben und vermischen.
3. Hähnchenminutenschnitzel waschen, trockentupfen, flach klopfen und evtl. halbieren. Mit Brathähnchengewürzsalz und Pfeffer von beiden Seiten würzen.
4. Kräuterfrischkäse auf einer Seite bestreichen, Käse/Kochschinken obendrauf verteilen, einrollen, mit einem Holzspieß fixieren, im Einlegeboden verteilen und mit übergebliebenem Käse/ Kochschinken bestreuen.
5. Zwiebel, Knoblauchzehe, Karotte, Kartoffeln und Paprika in den Mixtopf geben und **4 Sek./Stufe 5.**
6. Öl und Tomatenmark zugeben und **5 Min./120°/Stufe 1.**
7. Gemüsebrühe zugeben, Gareinsatz einhängen, Reis einwiegen und Wasser zugeben. Varomabehälter aufsetzen, Rühraufsatz hineinlegen, Kaisergemüse mit Kräutersalz und Olivenöl würzen und zugeben. Einlegeboden aufsetzen und **30 Min./Varoma/Stufe 1.**

Video

Scanne den QR-Code mit Deinem Smartphone

8. Alles warm stellen.
9. Kräuterfrischkäse zur Garflüssigkeit zugeben und **4 Min./100°/Stufe 3.**
10. Alles pürieren auf **15 Sek./Stufe 8.**

Bandnudeln mit Hähnchen und Gemüse

Koch-/Backzeit **ca. 30 Minuten**

Portionen **4**

Schwierigkeit **einfach**

Zutaten

- 600g Hähnchenbrustfilet (mundgerechte Stücke)
- 1 Zucchini (mundgerechte Stücke)
- 1 rote Paprika (mundgerechte Stücke)
- 1 gelbe Paprika (mundgerechte Stücke)
- 1 Zwiebel
- 1 Knoblauchzehe
- 15g Öl
- 1 EL Gemüsebrühe
- 950g Wasser
- 300g Bandnudeln

Sauce

- 350g Garflüssigkeit
- 150g Sahne-Schmelzkäse
- 15g Mehl

- Salz
- Pfeffer

Zubereitung

1. Hähnchenbrustfilet mit Salz und Pfeffer würzen und auf den Einlegeboden verteilen.
2. Den Rühraufsatz in den Varomabehälter legen, Zucchini und Paprika hinzugeben.
3. Zwiebel und Knoblauchzehe in den Mixtopf geben und **4 Sek./Stufe 6.**
4. Öl zugeben und ohne Messbecher **3 Min./120°/Stufe 1.**
5. Gemüsebrühe und Wasser zugeben, Varomabehälter mit dem Einlegeboden aufsetzen und **25 Min./Varoma/ Linkslauf/Stufe 1.**
6. **Nach 15 Minuten** die Bandnudeln durch die Deckelöffnung zugeben.
7. Hähnchenbrustfilet und Gemüse in eine Schüssel umfüllen.
8. Nudeln abgießen und in die Schüssel zugeben. Die Garflüssigkeit auffangen.

Sauce

9. Garflüssigkeit, Sahne-Schmelzkäse, Mehl, Salz und Pfeffer in den Mixtopf geben und **4 Min./100°/Stufe 3.**
10. Die Sauce in die Schüssel geben, verühren und sofort servieren.

Video

Scanne den QR-Code mit Deinem Smartphone

Frikadellen mit Nudeln

Koch-/Backzeit	Portionen	Schwierigkeit
ca. 30 Minuten	**4**	**mittel**

Zutaten

- 4 Zwiebeln
- 1 Knoblauchzehe
- 100g Kartoffeln
- 500g Hackfleisch
- 2 Eier
- 50g Paniermehl
- 300g Nudeln (Makkaroni)

Sauce

- 20g Öl
- 40g Tomatenmark
- 100g Sahne
- 20g Mehl
- 1 TL Gemüsebrühe

- 1650g Wasser
- Salz
- Pfeffer

Zubereitung

1. 2 Zwiebeln, Knoblauchzehe und Kartoffeln in den Mixtopf geben und **4 Sek./Stufe 6** - mit dem Spatel alles vom Mixtopfrand herunterschieben und erneut **4 Sek./Stufe 6.**
2. Hackfleisch, Eier, Paniermehl, Salz und Pfeffer zugeben und **1 Min./Knetstufe** - mit dem Spatel alles vom Mixtopfrand herunterschieben und erneut **30 Sek./Knetstufe.**
3. Hackfleischmasse zu Frikadellen formen.
4. Etwas Öl in einer Pfanne erhitzen und die Frikadellen von beiden Seiten kurz scharf anbraten und im Einlegeboden verteilen.
5. Mixtopf spülen.
6. 1400g Wasser und 1 EL Salz in den Mixtopf geben, Varoma mit den Frikadellen aufsetzen und **13 Min./Varoma/Stufe 1.**
7. Thermomix auf **11 Min./Varoma/Linkslauf/Stufe 0,5** stellen, die Nudeln durch die Deckelöffnung in den Mixtopf geben und den Varoma wieder aufsetzen.
8. Nudeln abgießen und mit den Frikadellen warm stellen.

Video

Scanne den QR-Code mit Deinem Smartphone

Sauce

9. 2 Zwiebeln in den Mixtopf geben und und **4 Sek./Stufe 6.**
10. Öl und Tomatenmark zugeben und **3 Min./120°/Stufe 1.**
11. 250g Wasser, Sahne, Mehl, Gemüsebrühe, Salz und Pfeffer zugeben und **5 Min./100°/Stufe 3.**
12. Alles pürieren auf **15 Sek./Stufe 8.**

Hähnchencurry mit Reis

Koch-/Backzeit **ca. 30 Minuten**

Portionen **4**

Schwierigkeit **einfach**

Zutaten

- 600g Hähnchenbrustfilet (mundgerechte Stücke)
- 1 EL Honig
- 40g Soja-Sauce
- 1 Dose Ananas in Stücken
- 1 rote Paprika (kleine Würfel)
- 150g Champignons (kleine Würfel)
- 1 EL Gemüsebrühe
- 250g Reis
- 1300g Wasser

Sauce

- 450g Garflüssigkeit
- 200g Ananassaft (abgetropft aus der Dose)
- 100g Sahne-Schmelzkäse
- 40g Mehl

- Curry
- Salz

Zubereitung

1. 1 EL Curry, Honig und Soja-Sauce in eine Schüssel geben, verrühren, zum Fleisch geben, vermischen und für **ca. 1 Stunde kühl stellen.**
2. Ananas abtropfen und den Saft dabei auffangen. Paprika, Champignons und Ananas in den Varomabehälter legen.
3. Gemüsebrühe in den Mixtopf geben, Gareinsatz einhängen, Reis einwiegen, Wasser zugeben. Varomabehälter mit dem Gemüse, sowie den Einlegeboden mit dem marinierten Fleisch aufsetzen und **30 Min./Varoma/Stufe 1.**
4. Gemüse und Fleisch zusammen in eine Schüssel geben, Reis umfüllen und Garflüssigkeit auffangen.

Sauce

5. Garflüssigkeit, aufgefangenen Ananassaft, Sahne-Schmelzkäse, Mehl, 1 TL Curry und Salz in den Mixtopf geben und **4 Min./100°/Stufe 3.**
6. Die Sauce zum Fleisch und Gemüse geben, alles vermischen und zusammen mit dem Reis servieren.

Video

Scanne den QR-Code mit Deinem Smartphone

Kräftige Kartoffel-Gemüse Suppe

Koch-/Backzeit
ca. 30 Minuten

Portionen
4

Schwierigkeit
mittel

Zutaten

- 1 Zwiebel
- 1 Knoblauchzehe
- 1 Bund Suppengrün (grobe Stücke - 250g Karotten, 170g Porree 30g Sellerie, 10g Petersilie)
- 25g Öl
- 800g Kartoffeln (mundgerechte Stücke)
- 1 EL Gemüsebrühe
- 1000g Wasser
- Salz
- Pfeffer
- Muskat

- 4-6 Wiener Würstchen (Scheiben)

Zubereitung

1. Zwiebel, Knoblauchzehe, Karotten, Sellerie, Porree und Petersilie in den Mixtopf geben und **4 Sek./Stufe 6.**
2. Öl zugeben und ohne Messbecher **4 Min./120°/Linkslauf/Stufe 1.**
3. Kartoffeln und Gemüsebrühe zugeben und mit dem Spatel alles gut verrühren.
4. 850g Wasser zugeben und **20 Min./100°/Linkslauf/Stufe 1.**
5. Die Suppe mit Salz, Pfeffer und Muskat würzen.
6. Wiener Würstchen in Scheiben schneiden, zusammen mit 150g Wasser in den Mixtopf zugeben und **4 Min./100°/Linkslauf/Stufe 1.**

Tipp

Du kannst natürlich noch weitere Wiener Würstchen separat dazu reichen.

Video

Scanne den QR-Code mit Deinem Smartphone

Gemüserisotto

Koch-/Backzeit
ca. 30 Minuten

Portionen
4

Schwierigkeit
mittel

Zutaten

- 50g Parmesan
- 1 Zwiebel
- 20g Olivenöl
- 1 Paprika (kleine Würfel, 150g)
- 1 Karotte (kleine Würfel, 70g)
- 1 Zucchini (kleine Würfel, 240g)
- 300g Risottoreis (Aborio)
- 2 EL Gemüsebrühe
- 900g kochendes Wasser
- Pfeffer
- 20g Butter

Zubereitung

1. Parmesan in den Mixtopf geben und **15 Sek./Stufe 10** - umfüllen.
2. Zwiebel in den Mixtopf geben und **4 Sek./Stufe 6.**
3. Olivenöl zugeben und **3 Min./120°/Stufe 1.**
4. Paprika, Karotte und Zucchini zusammen mit dem Risottoreis in den Mixtopf zugeben und **3 Min./120°/Linkslauf/Stufe 1.**
5. Gemüsebrühe, kochendes Wasser und Pfeffer zugeben, mit dem Spatel alles vom Mixtopfboden heben, gut verrühren und ohne Messbecher **12 Min./90°/Linkslauf/Stufe 1.**
6. Mit dem Spatel alles vom Mixtopfboden heben und ohne Messbecher **10 Min./95°/Linkslauf/Stufe 1.**
7. Butter und Parmesan zugeben und mithilfe des Spatels **1 Min./95°/Linkslauf/Stufe 1.**

Video

Scanne den QR-Code mit Deinem Smartphone

Notizen